Felix Christian Steiger Richter

RECIFE   OLINDA

Fotos: Felix Richter
Composição: Martin Fiegl

Em Memória de Cristina Richter

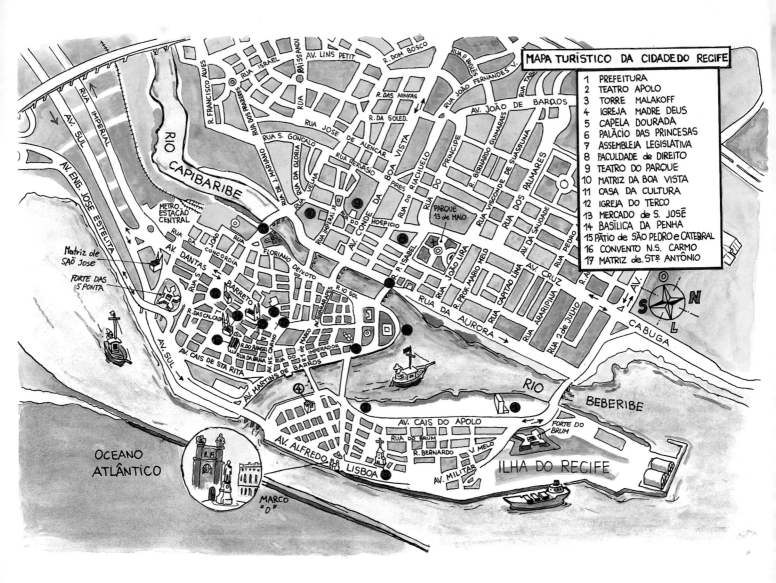

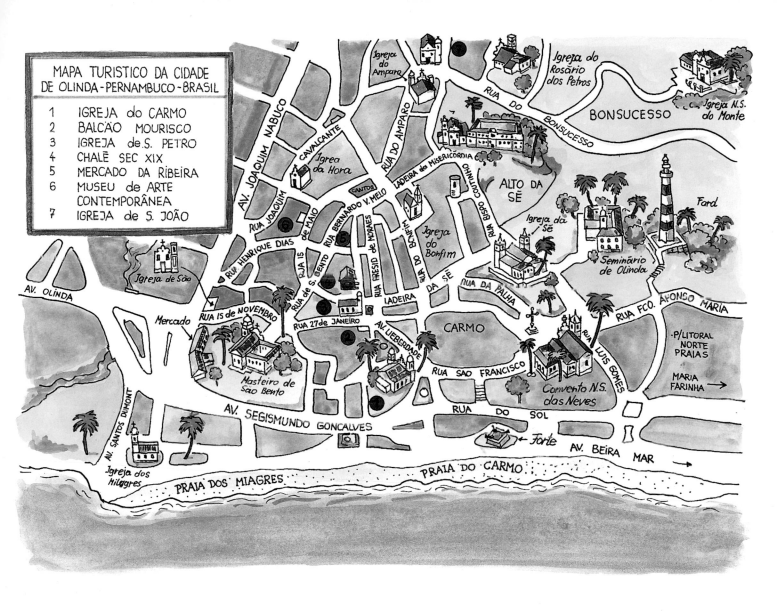

Recife – Olinda

A história das cidades vizinhas de Recife e Olinda caminham paralelamente e são marcadas por invasões, disputas, relações de comércio e pela lendária Guerra dos Mascates. O crescimento de ambos os municípios ao longo dos séculos ofuscou a histórica rivalidade e hoje a fronteira entre as duas cidades se passa quase que por desapercebida.

A cidade de Olinda foi fundada em 1535 em um pequeno monte, localizado entre a Zona Norte com as tradicionais plantações de cana de açúcar e a costa. Olinda foi a primeira capital de Pernambuco. Recife por sua vez, era somente uma pequena cidade portuária que vivia em função de Olinda.

Com a invasão holandesa em 1630 este quadro começou a se modificar. Os holandeses fizeram crescer Recife e saquearam e queimaram construções em Olinda, inclusive as igrejas. A única igreja que escapou da fúria holandesa em Olinda é a São João Batista dos Militares. As demais forma reconstruídas após a expulsão dos invasores.

Com a rápida passagem dos holandeses, Recife havia crescido de aproximadamente duzentas para duas mil casas. Para desespero de Olinda, que não tinha porto próprio, Recife se transformara em uma importante cidade portuária. A rivalidade entre ambas as cidades culminou no ano de 1710 com a Guerra dos Mascates. Os barões da cana de açúcar de Olinda se revoltaram contra a ascensão política dos "Mascates", os burgueses comerciantes de Recife.

Hoje Recife é a Capital de Pernambuco e carrega com orgulho o apelido de Veneza Brasileira, devido aos inúmeros rios e pontes que cortam e cruzam a cidade. Recife é também um importante centro financeiro do nordeste brasileiro. Olinda hoje é um dos mais importantes centros de turismo do país e é considerada patrimônio histórico cultural, principalmente devido as inúmeras igrejas remanescentes da época colonial, todas de visitação obrigatória para os amantes de arte, história e cultura. Mas, justiça seja feita, também Recife conta com preciosidades do passado, entre igrejas e fortes se destacam a Capela Dourada do convento de Santo Antônio, a catedral São Pedro dos Clérigos e os fortes Brum e das Cinco Pontas. Sugerimos também a visita da praia de Boa Viagem e do parque histórico dos Guararapes com a belíssima igreja N. S. dos Prazeres.

O carnaval de Olinda é um espetáculo à parte. Todos os anos, na época de carnaval, milhares de pernambucanos e turistas disputam cada centímetro das ruelas históricas da cidade. Blocos animados, fantasias esplêndidas, serenatas, frevo, samba, gente bonita e muita alegria fazem de Olinda a capital mundial do carnaval de rua. Uma acontecimento sem igual.

Para os amantes da praia e do lazer indica-se ainda a visitação da Ilha de Itamaracá. Imperdível é o belíssimo banco de areia Coroa de Avião, onde simpáticos restaurantes servem peixe fresco e ambulantes oferecem camarão e lagosta na beira-mar. De visitação obrigatória em Itamaracá é o Forte Orange e o projeto de preservação do peixe-boi.

A ordem das fotografias deste livro apresenta uma possível rota de visitação para Recife e Olinda. **Recife:** Palácio das Princesas, Teatro Santa Isabel, Convento Santo Antônio, Capela Dourada, Pátio de São Pedro com Catedral São Pedro dos Clérigos, Convento N. S. do Carmo, Basílica da Penha, Mercado São José, Forte das Cinco Pontas, Casa da Cultura; Recife Antigo (à noite é muito animado) e forte Brum. Praia de Boa Viagem e, nos arredores, Parque dos Guararapes com a Igreja N. S. dos Prazeres, e a Olaria de Brennand. **Olinda:** Igreja da Sé, Convento São Francisco e Igreja N. S. das Neves, Igreja da Misericórdia, Igreja do Amparo, Igreja N. S. do Rosário dos Pretos, Igreja São João Batista dos Militares, Igreja N. S. do Monte, Chalé do Séc. XIX, Igreja N. S. do Carmo e Mosteiro de São Bento.

Recife – Olinda

The history and development of the neighbouring cities Olinda and Recife are closely tied to one another. They were dictated by invasions, battles, trade and the war known as "Guerra dos Mascates". With the growth and development of the two cities in recent centuries, the historic rivalry was eventually surmounted. Today, the city boundary between Recife and Olinda is barely distinguishable.

Olinda was founded in 1535 atop a small hill between the coast and the zona norte with its traditional sugar cane plantations. Olinda was Pernambucos' first capital city. At the time, Recife was no more than a tiny port, utterly dependent on Olinda. This relationship changed in 1630, when Dutch penetrated into northeastern Brazil. The Dutch subsequently invested in Recife, while in Olinda they pillaged and burned. Not even churches were spared. The only church which survived the Dutch destruction was Sao João Balista dos Militares. The other churches were reconstructed after the Dutch were driven off.

During the short Dutch occupation, Recife grew from about 200 to 2000 houses. More important still, it evolved into an important seaport. This proved a nightmare for Olinda, which possessed no harbor of its own. The rivalry between the two cities reached its peak in 1710 in the war known as "Guerra dos Mascates". The sugar cane barons of Olinda fought against the political ascendancy of the "Mascates", the merchants of Recife. Today, Recife is the capital of Pernambuco and bears the proud epithet of "Veneza Brasileira" (the Venice of Brazil) because of the many bridges and rivers lacing through the city. Besides that, Recife is an important economic center of northeast Brazil. Olinda is today one of the most important tourist centers of the country. Because of its many churches from the colonial era, the town is classified as an historic monument. Yet Recife, too, is rich in treasures from the past. Among the numerous churches and fortresses, the Capela Dourada in the Convento de Santo Antônio, the Cathedral

São Pedros dos Cléricos and the fortresses Brum and Cinco Pontas ("Five Towers") are especially noteworthy. We also recommend a visit to the Boa-Viagem beach and the historic Guararapes Park, with its church N. S. dos Prazeres. The Carneval of Olinda is an unforgettable spectacle. Each year before the Lenten season begins, the tiny streets and alleys of Olinda fill with thousands of locals and tourists. Magnificent costumes, Frevo, Samba, "Blocos de Carnaval", beautiful people and a spellbinding love of life all turn Olinda into the worldwide capital of street carnevals. An unforgettable experience! For lovers of beaches and the good life, a visit to Itarnaracá Island is recommended. The sandbar Caroa do Avião is especially beautiful, where fresh fish, carnarão and crayfish are on offer in the pleasant bistros. The fortress "Forte orange" and the project for the protection of the "Peixe-Boi" (sea-cows) are also worth a visit.

The sequence of photographs in this book provides the visitor with a possible sightseeing route of Recife-Olinda.

Recife: Palácio das Princesas, Teatro Santa Isabel, Convento Santo Antônio, Capela Dourada, Pátio de São Pedro with Catedral São Pedro dos Clérigos, Convento N. S. do Carmo, Basilica da Penha, Mercado São José, Forte das Cinco Pontas, Casa da Cultura; Recife Antigo (great nightlife) and Forte Brum. Praia de Boa Viagem, Parque dos Guararapes with Igreja N. S. dos Prazeres and Olaria de Brennand.

Olinda: Igreja da Sé, convento São Francisco and Igreja N. S. das Neves, Igreja da Misericórdia, Igreja do Amparo, Igreja N. S. do Rosário dos Pretos, Igreja São João Batista dos Militares, Igreja N. S. do Monte, Chalé da Séc. XIX, Igreja N. S. do Carmo and Mosteiro de São Bento.

Recife – Olinda

L'histoire et l'évolution des villes voisines d'Olinda et de Recife sont étroitement liées et ont été marquées par les invasions, les batailles, le commerce et la "Guerra dos Mascates". La rivalité historique des deux villes a pris fin grâce à leur croissance au cours des siècles passés. La frontière entre les deux villes est d'ailleurs aujourd'hui difficile à établir avec certitude.

Olinda a été fondée en 1535 sur une petite colline entre la Côte et la Zona Norte avec ses plantations de canne à sucre traditionnelles. Olinda a été la première capitale de l'Etat de Pernambuc. A cette époque, Recife n'était qu'une petite ville portuaire qui vivait grâce à Olinda. Cette relation a changé à partir de 1630, lorsque les Hollandais ont envahi le Nord-Est du Brésil. Ils ont investi Recife tandis qu'ils dévalisaient, pillaient et incendiaient Olinda. Même les églises ne furent pas épargnées. La seule église qui survécut aux Hollandais fut celle de São João Balista dos Militares. Après l'expulsion des colons hollandais, les autres églises furent reconstruites.

Lors du bref passage des Hollandais, Recife est passée de 200 à quelque 2000 maisons. Au désespoir d'Olinda qui n'avait pas de port à elle, Recife est devenue l'une des principales villes portuaires du pays. La rivalité entre les deux villes atteignit son point culminant en 1710 lors de la "Guerra dos Mascates". Les barons de la canne à sucre d'Olinda luttèrent contre l'ascension politique des "Mascates", les commerçants de Recife.

Recife est aujourd'hui la première ville de Pernambuc et porte fièrement le titre de "Veneza Brasileira" (Venise brésilienne) en raison des nombreux ponts et cours d'eau qui passent à travers la ville. Recife est en outre un important centre économique du Nord-Est du Brésil. Olinda est aujourd'hui l'un des principaux centres touristiques du pays. Elle est classée monument historique en raison des nombreuses églises de l'époque coloniale. Parmi ces églises et forteresses, la Capela Dourada dans le Convento de Santo Antônio, la Catedral São Pedros dos Cléricos et les forteresses Brum et Cinco Pontas (cinq flèches) sont particulièrement remarquables.

Nous vous conseillons de visiter aussi la plage Boa-Viagem et le parc historique de Guararapes avec l'église N. S. dos Prazeres. Le carnaval d'Olinda constitue un spectacle inoubliable. Les petites rues de la ville se remplissent chaque année de milliers d'autochtones et de touristes. Des costumes magnifiques, la Frevo, la Samba, les "Blocos de Carnaval", la beauté des habitants et une énorme joie de vivre font d'Olinda l'une des capitales mondiales du carnaval de rue. Une expérience unique à ne pas manquer. Nous recommandons aux amoureux de la plage et de la vie agréable de visiter l'île Itarnaracà. Le sable est particulièrement beau à Caroa do Avião où l'on vous sert du poisson frais, du Carnarão et des langoustes dans de petites auberges sympathiques. La forteresse "Forte Orange" et le projet de protection du "Peixe-Boi" (siréniens) sont à voir.

La série de photos de ce livre propose au visiteur de Recife-Olinda l'itinéraire suivant:

Recife: Palácio das Princesas, Teatro Santa Isabel, Convento Santo Antônio, Capela Dourada, Pátio de São Pedro et Catedral São Pedro dos Clérigos, Convento N. S. do Carmo, Basilica da Penha, Mercado São José, Forte das Cinco Pontas, Casa da Cultura; Recife Antigo (L'endroit idéal pour sortir le soir !) et Forte Brum. Praia de Boa Viagem, Parque dos Guararapes avec Igreja N. S. dos Prazeres et Olaria de Brennand.

Olinda: Igreja da Sé, convento São Francisco et Igreja N. S. das Neves, Igreja da Misericórdia, Igreja do Amparo, Igreja N. S. do Rosário dos Pretos, Igreja São João Batista dos Militares, Igreja N. S. do Monte, Chalé da Séc. XIX, Igreja N. S. do Carmo et Mosteiro de São Bento.

Recife – Olinda

Die Geschichte und Entwicklung der benachbarten Städte Olinda und Recife ist eng miteinander verbunden und wurde durch Invasionen, Kämpfe, Handel und den Krieg „Guerra dos Mascates" bestimmt. Die historische Rivalität wurde durch das Wachstum beider Städte in den letzten Jahrhunderten überwunden und heute ist die Grenze zwischen Recife und Olinda kaum noch auszumachen.

Olinda wurde 1535 auf einem kleinem Hügel zwischen der Küste und der Zona Norte mit ihren traditionellen Zuckerrohrplantagen gegründet. Olinda war Pernambucos erste Hauptstadt. Zu dieser Zeit war Recife nur eine kleine Hafenstadt, die von Olinda lebte. Diese Beziehung änderte sich ab 1630, als die holländischen Invasoren in den Nordosten Brasiliens eindrangen. Die Holländer investierten in Recife, während sie Olinda ausraubten und brandschatzten. Selbst Kirchen wurden nicht verschont. Die einzige Kirche, die die Holländer überdauerte, war die São João Batista dos Militares. Die restlichen Kirchen wurden nach der Vertreibung der Holländer wieder erbaut.
Während des kurzen Aufenthalts der Holländer wuchs Recife von circa 200 zu 2000 Häusern. Zum Alptraum für Olinda, das keinen eigenen Hafen besaß, hatte sich Recife zu einer wichtigen Hafenstadt entwickelt. Die Rivalität der beiden Städte gipfelte 1710 im „Guerra dos Mascates"-Krieg. Die Zuckerrohrbarone aus Olinda kämpften gegen den politischen Aufstieg der „Mascates", der Händler aus Recife.
Heute ist Recife die Hauptstadt von Pernambuco und trägt aufgrund der vielen Brücken und Flüsse, die die Stadt kennzeichnen, mit Stolz den Titel „Veneza Brasileira" (= brasilianisches Venedig). Außerdem ist Recife ein wichtiges wirtschaftliches Zentrum des brasilianischen Nordostens. Olinda ist heute eines der wichtigsten Fremdenverkehrszentren des Landes und steht aufgrund der zahlreichen Kirchen aus der Kolonialzeit unter Denkmalschutz. Aber auch Recife ist reich an Schätzen der Vergangenheit. Unter den zahlreichen Kirchen und Festungen sind die Capela Dourada im Convento de Santo Antônio, die Catedral São Pedros dos Cléricos und die Festungen Brum und Cinco Pontas (fünf Spitzen) besonders sehenswert. Wir empfehlen auch den Besuch des Boa-Viagem-Strandes und des historischen Parkes von Guararapes mit der Kirche N. S. dos Prazeres.
Der Karneval von Olinda ist ein unvergessliches Schauspiel. Jedes Jahr zur Faschingszeit füllen sich die kleinen Gassen Olindas mit tausenden Einheimischen und Touristen. Wunderschöne Kostüme, Frevo, Samba, „Blocos de Carnaval", schöne Menschen und unglaubliche Lebensfreude machen aus Olinda die weltweite Hauptstadt des Straßenkarnevals. Ein unvergessliches Erlebnis.
Für die Liebhaber des Strandes und des guten Lebens empfehlen wir den Besuch der Itamaracá-Insel. Besonders schön ist die Sandbank Coroa do Avião, wo in sympathischen Kneipen frischer Fisch, Camarão und Langusten angeboten werden. Sehenswert sind auch die Festung „Forte Orange" und das Projekt zum Schutze des „Peixe-Boi" (Seekuh).

Die Bildreihenfolge dieses Buches gibt dem Besucher von Recife – Olinda eine mögliche Route für seine Besichtigung vor:
Recife: Palácio das Princesas, Teatro Santa Isabel, Convento Santo Antônio, Capela Dourada, Pátio de São Pedro mit Catedral São Pedro dos Clérigos, Convento N. S. do Carmo, Basílica da Penha, Mercado São José, Forte das Cinco Pontas, Casa da Cultura; Recife Antigo (gutes Nachtleben) und Forte Brum. Praia de Boa Viagem, Parque dos Guararapes mit der Igreja N. S. dos Prazeres und Olaria de Brennand. **Olinda:** Igreja da Sé, Convento São Francisco und Igreja N. S. das Neves, Igreja da Misericórdia, Igreja do Amparo, Igreja N. S. do Rosário dos Pretos, Igreja São João Batista dos Militares, Igreja N. S. do Monte, Chalé do Séc. XIX, Igreja N. S. do Carmo und Mosteiro de São Bento.

Recife – Olinda

La historia y el desarrollo de las ciudades vecinas de Olinda y Recife están estrechamente vinculados entre sí y han estado marcados por las invasiones, las luchas, el comercio y la guerra ("Guerra dos Mascates"). La rivalidad histórica fue superada por el crecimiento de ambas ciudades durante los últimos siglos y actualmente apenas si puede distinguirse el límite entre Recife y Olinda.

Olinda fue fundada en 1535 sobre una pequeña colina entre la costa y la Zona Norte, con sus plantaciones de caña de azúcar tradicionales. Olinda fue la primera capital de Pernambuco. En aquella época, Recife era sólo una pequeña ciudad portuaria que vivía de Olinda. Esta relación cambió a partir de 1630, cuando los invasores holandeses penetraron en el Nordeste de Brasil. Los holandeses invirtieron en Recife, mientras que Olinda fue saqueada y expoliada. No se respetaron ni las iglesias. La única iglesia que sobrevivió a los holandeses fue la de São João Balista dos Militares. Las iglesias restantes fueron construidas de nuevo tras la expulsión de los holandeses.

Durante la breve estancia de los holandeses, Recife creció desde las aproximadamente 200 casas originales hasta alcanzar la cifra de 2000. Para desgracia de Olinda, que no tenía puerto propio, Recife se convirtió en una importante ciudad portuaria. La rivalidad de las dos ciudades culminó en 1710 con la "Guerra dos Mascates". Los magnates de la caña de azúcar de Olinda lucharon contra el encumbramiento político de los "Mascates", los distribuidores de Recife.

En la actualidad, Recife es la capital de Pernambuco y debido a los múltiples puentes y ríos que caracterizan la ciudad, asume con orgullo el título de "Veneza Brasileira" (Venecia brasileña). Además, Recife es un importante centro económico del Nordeste brasileño. Olinda es actualmente uno de los centros turísticos más importantes del país y debido a las múltiples iglesias de la época colonial está protegida también como monumento nacional. Pero Recife también ofrece abundantes testimonios del pasado. Entre las múltiples iglesias y fortalezas, merece la pena visitar especialmente la Capela Dourada en el Convento de Santo Antônio, la Catedral São Pedros dos Cléricos y las fortalezas Brum y Cinco Pontas (cinco puntas). También recomendamos visitar la playa de Boa-Viagem y del parque histórico de Guararapes con la iglesia de N. S. dos Prazeres.

El carnaval de Olinda es un espectáculo inolvidable. Cada año, cuando llegan los carnavales, las pequeñas callejuelas de Olinda se llenan de miles de nativos y turistas. Maravillosos vestidos, Frevo, Samba, "Blocos de Carnaval", personas de gran belleza y una increíble alegría de vivir convierten a Olinda en la capital mundial del carnaval callejero. Una experiencia inolvidable.

Para los amantes de la playa y de la buena vida, recomendamos la visita a la isla de Itarnaracá. Es especialmente bello el banco de arena de Caroa do Avião, donde en las simpáticas tabernas puede degustarse pescado fresco, Carnarão y langostas. También vale la pena visitar la fortaleza de "Forte Orange" y el proyecto para la protección del "Peixe-Boi" (vaca marina).

Las ilustraciones de este libro sugieren al visitante de Recife-Olinda una posible ruta a seguir durante su visita:

Recife: Palácio das Princesas, Teatro Santa Isabel, Convento Santo Antônio, Capela Dourada, Pátio de São Pedro y Catedral São Pedro dos Clérigos, Convento N. S. do Carmo, Basilica da Penha, Mercado São José, Forte das Cinco Pontas, Casa da Cultura; Recife Antigo (El mejor lugar para pasear al caer la tarde) y forte Brum. Praia de Boa Viagem, Parque dos Guararapes con Igreja N. S. dos Prazeres y Olaria de Brennand.

Olinda: Igreja da Sé, convento São Francisco y Igreja N. S. das Neves, Igreja da Misericórdia, Igreja do Amparo, Igreja N. S. do Rosário dos Pretos, Igreja São João Batista dos Militares, Igreja N. S. do Monte, Chalé da Séc. XIX, Igreja N. S. do Carmo y Mosteiro de São Bento.

Recife, "Venezia brasileira". A cidade é conhecida pelos rios **(Capibaribe** e **Beberibe)** e as inúmeras pontes que cortam e cruzam a cidade.
Recife, the "Venice of Brazil", has become famous through its many bridges spanning the rivers **Capibaribe** and **Beberibe**.
Recife, la "Venise brésilienne", est devenue célèbre en raison des innombrables ponts qui enjambent les rivières de **Capibaribe** et **Beberibe**.
Recife, das „brasilianische Venedig", ist auf Grund seiner vielen Brücken, welche die Flüsse **Capibaribe** und **Beberibe** kreuzen, berühmt geworden.
Recife, la "Venecia brasileña", se ha hecho famosa por los numerosos puentes que cruzan los ríos **Capibaribe** y **Beberibe**.

*Vista aérea sobre o centro da cidade. A esquerda o **Palácio das Princesas** (sede do governo) e o **Teatro Santa Isabel**. A direita a **Igreja Matriz de Santo Antônio** (1731).*
*Aerial photo of the city center. Left, the **Palácio das Princesas** (Governor's seat) and the **Santa-Isabel-Theater**. Right, the **Igreja Matriz de Santo Antônio** (1731).*
*Vue aérienne du centre-ville. A gauche, le **Palácio das Princesas** (siège du gouverneur) et le **théâtre Santa-Isabel**. A droite, la **Igreja Matriz de Santo Antônio** (1731).*
*Luftbild des Stadtzentrums. Links der **Palácio das Princesas** (Gouverneurssitz) und das **Santa-Isabel-Theater**. Rechts die **Igreja Matriz de Santo Antônio** (1731).*
*Vista aérea del centro urbano. A la izda. el **Palácio das Princesas** (sede del gobernador) y el **Teatro Santa Isabel**. A la dcha. la **Igreja Matriz de Santo Antônio** (1731).*

Teatro Santa Isabel (1841). *Construido no estilo neoclássico tem capacidade para 900 pessoas.*
The theater was built in Neo-Classic style and seats 900 spectators.
Le théâtre a été construit dans un style néo-classique et peut accueillir 900 spectateurs.
Das Theater wurde im neoklassischen Stil erbaut und bietet Platz für 900 Zuschauer.
El teatro fue construido en estilo neoclásico y tiene capacidad para 900 espectadores.

O **Convento de Santo Antônio** de 1606 foi transformado em forte durante a ocupação holandesa de Recife. A capela ao lado faz parte do convento.
The **Convento Santo Antônio** from 1606 was transformed into a fortress during the Dutch occupation. The adjacent chapel is part of the church.
Le **Convento Santo Antônio** de 1606 a été transformé en forteresse pendant l'occupation hollandaise. La chapelle attenante fait partie de l'église.
Das **Convento Santo Antônio** (1606) wurde während der holländischen Besetzung in eine Festung verwandelt. Die Kapelle nebenan ist Teil der Kirche.
El **Convento Santo Antônio**, de 1606, fue convertido en fortaleza durante la ocupación holandesa. La capilla anexa pertenece a la iglesia.

A **Capela Dourada** está entre as mais belas do Brasil. Os inúmeros detalhes dourados são esculpidos em cedro e jacarandá da Bahia.
The gilded cedar and palisander woodcarving of the **Capela Dourada** (Golden Chapel) numbers among the most beautiful works of its genre in Brazil.
La sculpture dorée, en cèdre et en palissandre, de la **Capela Dourada** (chapelle dorée) fait partie des plus belles œuvres du genre au Brésil.
Das vergoldete, aus Zedern- und Palisanderholz bestehende Schnitzwerk der **Capela Dourada** (Goldene Kapelle) gehört zu den schönsten derartigen Arbeiten Brasiliens.
La talla dorada de madera de cedro y de palisandro de la **Capela Dourada** es uno de los trabajos de este tipo más bellos de Brasil.

A **Catedral São Pedro dos Clérigos** no **Pátio de São Pedro** (1728–1782). Aqui encontra-se a famosa pintura "São Pedro abençoando a comunidade Católica".
The **Catedral São Pedro dos Clérigos** on the **Pátio de São Pedro** (1728–1782). The famous ceiling fresco "Saint Peter blesses the Catholic Congregation" is to be found here.
La **Catedral São Pedro dos Clérigos** du **Pátio de São Pedro** (1728–1782). C'est là que se trouve la célèbre fresque au plafond "Le Saint-Pierre bénit la commune catholique".
Die **Catedral São Pedro dos Clérigos** am **Pátio de São Pedro** (1728–1782). Hier befindet sich das berühmte Deckengemälde „Der hl. Petrus segnet die Katholikengemeinde".
La **Catedral São Pedro dos Clérigos** en el **Pátio de São Pedro** (1728–1782). En su techo está la famosa pintura "San Pedro bendice a la comunidad católica".

*O Convento **N. S. do Carmo** foi reconstruído entre 1663 e 1761, após ter sido incendiado pelos invasores holandeses.*
*The monastery **N. S. do Carmo** was restored between 1663 and 1761 after having been set ablaze by the Dutch invaders.*
*Le cloître **N. S. do Carmo** a été restauré entre 1663 et 1761, après avoir été incendié par les colons hollandais.*
*Das Kloster **N. S. do Carmo** wurde zwischen 1663 und 1761 restauriert, nachdem er von den holländischen Invasoren in Brand gesteckt wurde.*
*El convento de **N. S. do Carmo** fue restaurado entre 1663 y 1761, tras ser incendiado por los invasores holandeses.*

Basílica N. S. da Penha, construída no início do século XVIII. Em um de seus altares está o túmulo do Bispo Dom Vital.
The **Basílica N. S. da Penha** was built at the beginning of the 18th century. At one of the altars, Bishop Dom Vital is entombed.
La **Basílica N. S. da Penha** a été construite au début du 18ème siècle. L'évêque Dom Vital est enterré près de l'un des autels.
Die **Basílica N. S. da Penha** wurde zu Beginn des 18. Jahrhunderts erbaut. Bei einem der Altäre liegt Bischof Dom Vital begraben.
La **Basílica N. S. da Penha** se construyó a comienzos del siglo XVIII. En uno de los altares está enterrado el Obispo Dom Vital.

Mercado São José, o maior de Recife. Um dos primeiros edifícios com estrutura de ferro no país. Grande abundância em artesanato. Destaque para as redes e cestas.
São-José-Market, the largest market in Recife, one of the first buildings in Brazil constructed in iron. A multitude of works of art and handicrafts, especially basketware and hammocks.
Marché São-José, le plus grand marché de Recife. L'une des premières constructions métalliques du Brésil. Beaucoup d'ouvrages artistiques, surtout des paniers et des hamacs.
São-José-Markt, der größte Markt Recifes. Eines der ersten Gebäude Brasiliens aus Eisenkonstruktion. Vielfalt an Kunstwerken, besonders Körbe und Hängematten.
El **Mercado São José,** el mayor de Recife. Uno de los primeros edificios de Brasil construidos en hierro. Variedad de obras de artesanía, sobre todo cestos y hamacas.

17

Comércio em uma das centenas de ruelas da cidade. Muita oferta de artesanato, frutas e verduras. A Igreja no fundo é a **N. S. do Terço** (1726, reconstruída em 1873).
Commerce in one of the numerous tiny streets of the city. The church in the background is **N. S. do Terço** (1726, rebuilt in 1873).
Commerce dans l'une des nombreuses ruelles de la ville. L'église en arrière-plan est **N. S. do Terço** (1726, reconstruite en 1873).
Handel in einer der zahlreichen Gassen der Stadt. Die Kirche im Hintergrund ist die **N. S. do Terço** (1726, wiedererbaut 1873).
Comercio en una de las múltiples callejuelas de la ciudad. La iglesia al fondo es la de **N. S. do Terço** (1726, reconstruida en 1873).

Forte das Cinco Pontas. *Antiga fortaleza dos holandeses, hoje abriga o museu da cidade de Recife. Aqui foi fuzilado* **Frei Caneca,** *em 1825, líder da Confederação do Equador.*
(5-Tower-Fort). Former Dutch fortress, today the City Museum. This is where **Frei Caneca,** *leader of the Confederação do Equador, was executed.*
(Forteresse à 5 flèches). Ancienne forteresse hollandaise, aujourd'hui musée de la ville. Le chef de la Confederação do Equador, **Frei Caneca,** *y a été exécuté.*
(5-Spitzen-Fort). Ehemalige holländische Festung, heute Stadtmuseum. Hier wurde der Anführer der Confederação do Equador, **Frei Caneca,** *hingerichtet.*
Antigua fortaleza holandesa, actualmente museo de la ciudad. Aquí fue ejecutado el líder de la Confederação do Equador, **Frei Caneca.**

19

Casa da Cultura (1855). *Antigo presídio (até 1973), hoje abriga em suas antigas celas um centro representativo da cultura regional.*
The former prison (until 1973) today houses a representative collection of local art in the erstwhile prison cells.
L'ancienne prison (jusqu'en 1973) abrite aujourd'hui dans les anciennes cellules un centre représentatif d'art local.
Das ehemalige Gefängnis (bis 1973) beherbergt heute in den früheren Zellen ein repräsentatives Zentrum für lokale Kunst.
La antigua prisión (hasta 1973) alberga hoy en las antiguas celdas un centro representativo del arte local.

1) Assembléia Legislativa
2) Palácio das Princesas
3) Teatro Santa Isabel
4) Recife Antigo

5) Matriz de Santo Antônio
6) Convento N. S. do Carmo
7) Pátio de São Pedro
8) Mercado de São José

9) Basílica da Penha
10) Casa da Cultura
11) Forte das Cinco Pontas
12) Matriz de São José

*Assembléia Legislativa (esquerda) e **Ginásio Pernambucano**, situados na **Rua da Aurora**, uma das mais charmosas de Recife.*
*Parliamentary Chamber (left) and **Ginásio Pernambucano** in the **Rua da Aurora,** one of the most charming streets in Recife.*
*Chambre des députés(à gauche) et **Ginásio Pernambucano** à la **Rua da Aurora,** l'une des sympathiques ruelles de Recife.*
*Abgeordnetenkammer (links) und **Ginásio Pernambucano** in der **Rua da Aurora,** einer der sympathischsten Straßen Recifes.*
*Congreso de los Diputados (izquierda) y **Ginásio Pernambucano** en la **Rua da Aurora**, una de las simpáticas calles de Recife.*

*Vista do **Rio Beberibe.** À esquerda, **Ilha do Recife** com o prédio da Prefeitura, à frente o centro da cidade.*
*View from **Rio Beberibe.** Left, the **Ilha do Recife** with the prefecture of Recife; in the foreground, the City Center.*
*Vue de **Rio Beberibe.** A gauche, la **Ilha do Recife** avec la préfecture de Recife, devant, le centre-ville.*
*Blick vom **Rio Beberibe.** Links die **Ilha do Recife** mit der Präfektur Recifes, rechts das Stadtzentrum.*
*Vista de **Rio Beberibe.** A la izquierda la **Ilha do Recife** con la Prefectura de Recife, delante el centro de la ciudad.*

Ilha do Recife com **Forte Brum.** *Construção holandesa de 1629, hoje museu militar.*
Ilha do Recife *(Recife-Island)* and **Forte Brum.** *The Dutch edifice from 1629 is today a military museum.*
Ilha do Recife *(Ile de Recife)* et **Forte Brum.** *Le bâtiment hollandais (1629) est aujourd'hui un musée militaire.*
Ilha do Recife *(Recife-Insel)* und **Forte Brum.** *Das holländische Bauwerk (1629) ist heute ein Militärmuseum.*
Ilha do Recife y el **Forte Brum.** *La construcción holandesa (1629) es actualmente un museo militar.*

Recife Antigo na Ilha do Recife. A antiga zona portuária foi restaurada e hoje conta com inúmeros restaurantes e boates. A melhor opção de lazer à noite.
Recife Antigo (Old Recife). The former harbor district has lots of bars and restaurants attracting visitors. The liveliest spot in the evening.
Recife Antigo (vieille ville de Recife). L'ancien quartier portuaire abrite aujourd'hui beaucoup de bars et de restaurants. L'endroit idéal pour sortir le soir !
Recife Antigo (Altes Recife). Das ehemalige Hafenviertel beherbergt heute viele Bars und Restaurants. Die beste Ausgehmöglichkeit am Abend.
Recife Antigo. El antiguo barrio portuario alberga actualmente muchos bares y restaurantes. El mejor lugar para pasear al caer la tarde.

*Praias do **Pina** e **Boa Viagem.***
*The beaches **Pina** and **Boa Viagem.***
*Les plages de **Pina** et **Boa Viagem.***
*Die Strände **Pina** und **Boa Viagem.***
*Las playas de **Pina** y **Boa Viagem.***

De um lado rios e mangues, do outro o infinito oceano. Recife esbanja natureza devido a sua localização privilegiada.
On the one side, rivers and marsh areas, on the other, the infinity of the ocean. Recife enjoys a unique location, surrounded as it is by nature.
D'un côté des rivières et des marais, de l'autre l'inmmensité de l'océan. En raison de sa situation privilégiée, Recife est une ville entourée par la nature.
Einerseits Flüsse und Sumpfgebiete, gegenüber der unendliche Ozean. Recife ist auf Grund seiner bevorzugten Lage eine von Natur umgebene Stadt.
Por una parte ríos y terrenos pantanosos, frente al océano infinito. Recife, gracias a su situación privilegiada, es una ciudad rodeada de naturaleza.

Boa Viagem. *Principal praia urbana de Recife é também o bairro nobre da cidade.*
Most important city beach of Recife and fashionable district of the city.
La plus grande plage de Recife et le quartier noble de la ville.
Wichtigster Stadtstrand von Recife und Nobelviertel der Stadt.
Importante playa urbana de Recife y barrio noble de la ciudad.

Estádio do Arruda. *O maior de Pernambuco.*
The biggest football stadium in Pernambuco.
Le plus grand stade de football de Pernambuco.
Das größte Fußballstadion in Pernambuco.
El mayor estadio de fútbol de Pernambuco.

Olaria de Brennand, museu. *Obras do artista mundialmente famoso Francisco Brennand. Os cisnes pretos são um espetáculo a parte e um marco do lugar.*
Olaria-de-Brennand-Museum. *Works by the world famous artist Francisco Brennand. The splendid black swans are a feature of the square.*
Musée Olaria de Brennand. *Œuvres de l'artiste mondialement connu Francisco Brennand. Les magnifiques cygnes noirs sont l'un des symboles de l'endroit.*
Olaria-de-Brennand-Museum. *Werke des weltberühmten Künstlers Francisco Brennand. Die wunderschönen schwarzen Schwäne sind ein Kennzeichen dieses Ortes.*
Museo Olaria de Brennand. *Obra del famoso artista Francisco Brennand. Los hermosos cisnes negros son un signo característico del lugar.*

A construção da **Igraja N. S. dos Prazeres,** *no* **Parque Histórico dos Guararapes,** *iniciou-se em 1656, como agradecimento pela vitória luso-brasileira na batalha dos Guararapes.*
Construction of the church **N. S. dos Prazeres** *in* **historic Guararapes Park** *was initiated in 1656 in gratitude for the Luso-Brazilian victory at Guararapes.*
la construction de l'église **N. S. dos Prazeres** *dans le parc* **historique de Guararapes** *a démarré en 1656 en guise de remerciement pour la victoire luso-brésilienne de Guararapes.*
Der Bau der Kirche **N. S. dos Prazeres** *im* **Historischen Park von Guararapes** *begann 1656 zum Dank für den luso-brasilianischen Sieg bei Guararapes.*
La iglesia de **N. S. dos Prazeres** *en el* **Parque Histórico de Guararapes** *comenzó a construirse en 1656 para agradecer la victoria luso-brasileña.*

As paredes do interior da igreja foram revestidas com azulejos portugueses. A vitória na batalha dos Guararapes selou a expulsão dos invasores holandeses.
The interior of the church is decorated with Portuguese Azulejos tiles. The victory at Guararapes brought the Dutch occupation to an end.
L'intérieur de l'église a été décoré avec des carreaux portugais Azulejos. Cette victoire a mis fin à l'invasion hollandaise.
Der Innenraum der Kirche wurde mit portugiesischen Azulejos-Kacheln verziert. Der Sieg bei Guararapes setzte der holländischen Besetzung ein Ende.
El interior de la iglesia fue decorado con azulejos portugueses. La victoria de Guararapes puso final a la ocupación holandesa.

Vista de Olinda sobre Recife.
View from Olinda over Recife.
Vue d'Olinda sur Recife.
Blick von Olinda über Recife.
Vista de Olinda sobre Recife.

Olinda foi fundada em 1535 em um monte ao norte do **Rio Beberibe,** *entre a costa e a Zona Norte com as características plantações de cana de açúcar.*
Olinda *was founded in 1535 on a hill north of the* **Beberibe River,** *between the coast and the Zona Norte with its sugar cane plantations.*
Olinda *a été fondée en 1535 sur une colline au Nord de la* **rivière Beberibe,** *entre la côte et la Zona Norte avec ses plantations de canne à sucre.*
Olinda *wurde im Jahr 1535 auf einem Hügel nördlich des* **Beberibe-Flusses,** *zwischen der Küste und der Zona Norte mit ihren Zuckerrohrplantagen, gegründet.*
Olinda *fue fundada el año 1535 sobre una colina al norte del* **río Beberibe,** *entre la costa y la Zona Norte con sus plantaciones de caña de azúcar.*

Alto da Sé com **Igreja da Sé, Seminário de Olinda** e o **Farol.** *Ponto mais alta da cidade onde fundou-se Olinda em 12 Março de 1537.*
Alto da Sé with **Igreja da Sé, Seminário de Olinda** and the **lighthouse.** *The city's highest elevation. Here, on March 1, 1537, Olinda was founded.*
Alto da Sé avec **Igreja da Sé, Seminário de Olinda** et **phare.** *Endroit le plus élevé de la ville. C'est là qu'Olinda a été créée le 1.3.1537.*
Alto da Sé mit **Igreja da Sé, Seminário de Olinda** und **Leuchtturm.** *Höchste Erhebung der Stadt. Hier wurde am 12. März 1537 Olinda gegründet.*
Alto da Sé con **Igreja da Sé, Seminário de Olinda** y **Faro.** *Máxima elevación de la ciudad. Aquí se fundó Olinda el 1.3.1537.*

Igreja da Sé

Largo de São Francisco. Convento São Francisco (1577), Capela Santa Ana, Igreja N. S. das Neves e Capela de Santa Anna.

O **Pátio de São Francisco,** no interior do convento, é composto por belíssimos azulejos portugueses.
The **Pátio de São Francisco** in the interior of the monastery is adorned with superb Azulejo tiles from Portugal.
Le **Pátio de São Francisco** à l'intérieur du cloître est décoré de magnifiques carreaux Azulejo du Portugal.
Der **Pátio de São Francisco** im Inneren des Klosters ist mit herrlichen Azulejo-Kacheln aus Portugal geschmückt.
El **Pátio de São Francisco** en el interior del convento está decorado con preciosos azulejos de Portugal.

O interior da **Capela de São Roque** (1811) é rico em detalhes esculpidos em madeira.
The interior of the **chapel São Roque** from 1811 is rich with beautiful carvings.
L'intérieur de la **chapelle de São Roque** de 1811 comprend de magnifiques sculptures sur bois.
Der Innenraum der Kapelle von **São Roque** aus dem Jahr 1811 ist reich an schönem Schnitzwerk.
El interior de la capilla de **São Roque** data de 1811 y es rico en bellas tallas.

*No interior do convento e das capelas pinturas religiosas esbanjam beleza, harmonia e perfeição (Aqui: **Capela de São Roque**).*
*Beautiful, harmonious sacred paintings decorate the interior of the monastery and the chapels (pictured: **Capela de São Roque**).*
*De splendides tableaux religieux décorent l'intérieur du cloître et des chapelles (ici : **Capela de São Roque**).*
*Schöne harmonische religiöse Bilder verzieren das Innere des Klosters und der Kapellen (hier: **Capela de São Roque**).*
*Las bellas y armónicas imágenes religiosas decoran el interior del convento y las capillas (aquí: **Capela de São Roque**).*

Assim é Olinda. Espalhados pelos quatro cantos da cidade, artesãos produzem e oferecem a sua arte a um bom preço.
Such is Olinda. In every corner of the city, one bumps into craftsmen offering their works at reasonable prices.
Voilà Olinda. On trouve partout en ville des artisans qui vendent leurs créations à des prix intéressants.
So ist Olinda. In jeder Ecke der Stadt stößt man auf einen Handwerker, der zu günstigen Preisen seine Kunst anbietet.
Así es Olinda. En cada esquina de la ciudad puede encontrarse un artesano que ofrece sus obras a muy buenos precios.

42

43

A **Igreja da Misericórdia** (1540) fica a poucos metro da **Igreja da Sé.**
The **Igreja da Misericórdia** (1540) lies but a few steps from the **Igreja da Sé.**
La **Igreja da Misericórdia** (1540) n'est qu'à quelques pas de la **Igreja da Sé.**
Die **Igreja da Misericórdia** (1540) liegt nur wenige Schritte von der **Igreja da Sé.**
La **Igreja da Misericórdia** (1540) está a sólo unos pocos pasos de la **Igreja da Sé.**

Interior da **Igreja da Misericórdia**.
Interior of the **Igreja da Misericórdia**.
Intérieur de la **Igreja da Misericórdia**.
Innenraum der **Igreja da Misericórdia**.
Interior de la **Igreja da Misericórdia**.

45

Igreja do Amparo

*Vista para a **Igreja da Misericórdia** e **Santa Casa da Misericórdia**.*
*View of the **Igreja da Misericórdia** and the **Santa Casa da Misericórdia**.*
*Vue sur la **Igreja da Misericórdia** et la Santa **Santa Casa da Misericórdia**.*
*Blick auf die **Igreja da Misericórdia** und die **Santa Casa da Misericórdia**.*
*Vista de la **Igreja da Misericórdia** y la **Santa Casa da Misericórdia**.*

A **Igreja de N. S. do Rosário dos Pretos,** no Largo do Bonsucesso, foi construída em 1655 e renovada em 1874.

The **Igreja de N. S. do Rosário dos Pretos,** on the Largo do Bonsucesso, was built in 1655 and restored in 1874.

La **Igreja de N. S. do Rosário dos Pretos,** sur le Largo do Bonsucesso, a été construite en 1655 et rénovée en 1874.

Die **Igreja de N. S. do Rosário dos Pretos,** am Largo do Bonsucesso, wurde 1655 gebaut und 1874 erneuert.

La **Igreja N. S. do Rosário dos Pretos,** en el Largo do Bonsucesso, se construyó en 1655 y se renovó en 1874.

A **Igreja São João Batista do Militares,** de 1580, é a única Igreja de Olinda que escapou ilesa da fúria holandesa.
The **Igreja São João Batista dos Militares** from 1580 is the only church in Olinda which was spared by the pillaging Dutch.
La **Igreja São João Batista dos Militares** de 1580 est la seule église d'Olinda à avoir échappé aux pillages et aux incendies des Hollandais.
Die **Igreja São João Batista dos Militares** aus dem Jahre 1580 ist die einzige Kirche in Olinda, die von den brandschatzenden Holländern geschont wurde.
La **Igreja São João Batista dos Militares** del año 1580 es la única iglesia de Olinda que fue respetada por los incendiarios holandeses.

Quadro pintado por artista de Olinda que mostra o Largo do Amparo e pessoas dançando ciranda.
This picture, by an artist from Olinda, shows the Largo do Amparo and a local festival.
Le tableau d'un artiste d'Olinda dépeint le Largo do Amparo et une fête populaire.
Das Bild von einem Künstler aus Olinda zeigt den Largo do Amparo und ein Volksfest.
La obra de un artista de Olinda muestra el Largo do Amparo y una fiesta popular.

51

A **Igreja N. S. do Monte,** uma das mais antigas da cidade, hoje é um convento com sessões diárias de canto gregoriano.
The **Igreja N. S. do Monte,** one of the oldest in the city, is today a monastery in which Gregorian chants are sung daily.
La **Igreja N. S. do Monte,** l'une des plus vieilles églises de la ville, est aujourd'hui un cloître dans lequel on peut écouter chaque jour des chants grégoriens.
Die **Igreja N. S. do Monte,** eine der ältesten Kirchen der Stadt, ist heute ein Kloster, in dem täglich gregorianische Choräle aufgeführt werden.
La **Igreja N. S. do Monte,** una de las más antiguas de la ciudad, es actualmente un convento en el que se interpretan diariamente cantos gregorianos.

Crianças posando para fotografia em frente ao colégio, localizado ao lado da Igreja N. S. do Monte.
School children pose for a photo in front of their school, next to the Igreja N. S. do Monte.
Des élèves posent pour la photo devant l'école située tout près de la Igreja N. S. do Monte.
Schulkinder posieren für das Foto vor der Schule, die neben der Igreja N. S. do Monte liegt.
Un grupo de escolares posa ante la escuela, situada junto a la Igreja N. S. do Monte.

Típica casa de Olinda. Construção e pintura coloniais e inscrições de incentivo ao carnaval, o grande espetáculo da cidade.
Typical house in Olinda, built in colonial style, painted with inscriptions as an "incentivo" to Carneval.
Maison typique à Olinda construite dans le style colonial et avec des inscriptions sur le "Incentivo" du carnaval.
Typisches Haus in Olinda, im Kolonialstil erbaut und mit Inschriften zum „Incentivo" des Karnevals bemalt.
Casa típica de Olinda, construida en estilo colonial y con inscripciones para "Incentivo" del carnaval.

A belíssimo chalé do séc. 19, ao lado da **Igreja de S. Pedro,** é uma atração a parte.
Especially noteworthy is the beautiful 19th century house next to the **Igreja de S. Pedro.**
La superbe maison du 19ème siècle près de la **Igreja de S. Pedro** *vaut également le détour.*
Besonders sehenswert ist auch das wunderschöne Haus aus dem 19. Jahrhundert, das sich neben der **Igreja de S. Pedro** *befindet.*
Merece visitar la espléndida casa del siglo XIX situada junto a la **Igreja de S. Pedro.**

Detalhes das quatro Estações Sacras, fundadas em 1773: Senhor atado, senhor Carregando a Cruz, Senhor Apresentado ao Povo de castelhano, N. S. com Jesus.
Details of the four Stations of Passion Week, created in 1773: Christ in bonds, Christ bearing the cross, Christ before the inhabitants of Castelhano, Mary with Jesus.
Détails des 4 scènes de la Passion créées en 1773: le Christ ligoté, le Christ portant la Croix, le Christ devant les habitants de Castelhano et Marie avec Jésus.
Details der vier 1773 geschaffenen Passionsstationen: Christus in Fesseln, kreuztragender Christus, Christus vor den Einwohnern von Castelhano und Maria mit Jesus.
Detalles de las cuatro estaciones de 1773: Cristo encadenado, Cristo llevando la cruz, Cristo ante los habitantes de Castelhano y María con Jesús.

56

Igreja N. S. do Carmo. *Construída em 1581, foi queimada pelos holandeses em 1631 e restaurada em 1721. Da construção original só restaram o altar e um portal.*
Igreja N. S. do Carmo, *built in 1581, in 1631 burned down by the Dutch and restored in 1721. Of the original structure, only the altar and a portal remain.*
Igreja N. S. do Carmo, *construite en 1581, incendiée en 1631 par les Hollandais et restaurée en 1721. Il ne reste que l'autel et un portail de l'ancien bâtiment.*
Igreja N. S. do Carmo. *1581 gebaut, 1631 von den Holländern niedergebrannt und 1721 restauriert. Vom ursprünglichen Gebäude blieben nur Altar und Portal übrig.*
Igreja N. S. do Carmo. *Construida en 1581, incendiada y destruida por los holandeses en 1631 y restaurada en 1721. Del edificio original solamente quedaron el altar y un portal.*

As famosas figuras em tamanho humano, que ano após ano embelezam o carnaval de Olinda.
The famous, life-size Carneval figures from Olinda which beautify the city carneval each year.
Les célèbres personnages grandeur nature du carnaval d'Olinda qui ornent chaque année le carnaval de la ville.
Die berühmten lebensgroßen Karnevalsfiguren aus Olinda, die jedes Jahr den Karneval der Stadt verschönern.
Las famosas figuras de carnaval de tamaño natural de Olinda, que cada año embellecen el carnaval de la ciudad.

Igreja de São Bento de 1582. A Capela do Coral consta como a mais bela do país.
Igreja de São Bento (1582). The choir chapel is considered to be the most beautiful in the country.
Igreja de São Bento (1582). L'absidiole est considérée comme la plus belle de la ville.
Igreja de São Bento (1582). Die Chorkapelle gilt als die schönste des Landes.
Igreja de São Bento (1582). La capilla del coro se considera la más bella del país.

*Interior da **Igreja de São Bento**.*
*Interior of the **Igreja de São Bento**.*
*Intérieur de la **Igreja de São Bento**.*
*Innenraum der **Igreja de São Bento**.*
*Interior de la **Igreja de São Bento**.*

Todos os anos, na época de Carnaval, milhares de foliões lotam as ruelas da cidade, fazendo o mais belo carnaval de rua do país.
Each year at Carneval time, thousands of "foliões" (Carneval participants) fill the streets and alleyways of the city to celebrate the most beautiful street carnaval in the country.
Chaque année à l'époque du carnaval, les rues de la ville se remplissent de millliers de "foliões" (participants) qui s'en donnent à cœur joie dans le cadre du plus beau carnaval du pays.
Jedes Jahr zur Karnevalszeit füllen tausende von „Foliões" (Karnevalsteilnehmer) die Gassen der Stadt und erfreuen sich am schönsten Straßenkarneval des Landes.
Cada año, cuando llega el carnaval, miles de "foliões" (participantes) llenan las callejuelas de la ciudad y disfrutan del carnaval callejero más bello del país.

O estado de **Pernambuco** é famoso por suas centenas de praias paradisíacas. Entre elas se destacam **Porto de Galinhas** e **Itamaracá.**

Pernambuco is famous for its numerous heavenly beaches. Especially delightful are **Porto de Galinhas** and **Itamaracá.**

Pernambuco est célèbre pour ses nombreuses plages paradisiaques. **Porto de Galinhas** et **Itamaracá** sont parmi les plus belles.

Pernambuco ist für seine zahlreichen paradiesischen Strände berühmt. Besonders schön sind **Porto de Galinhas** und **Itamaracá.**

Pernambuco es famosa por sus múltiples playas paradisíacas. Son especialmente bellas las de **Porto de Galinhas** y de **Itamaracá.**

Forte do Pau Amarelo, *na costa entre Recife e Itamaracá. A fortaleza foi construída em 1719 no local onde os invasores holandeses desembarcaram em 1630.*

Forte do Pau Amarelo *on the coast between Recife and Itamaracá. The fort was built in 1719 on the very spot where the Dutch invaders came ashore in the year 1630.*

Forte do Pau Amarelo *sur la côte entre Recife et Itamaracá. Le fortin a été érigé en 1719 à l'endroit où les colons hollandais ont posé le pied.*

Forte do Pau Amarelo *an der Küste zwischen Recife und Itamaracá. Das Fort wurde 1719 am Ort, wo die holländischen Invasoren 1630 strandeten, errichtet.*

Forte do Pau Amarelo, *en la costa, entre Recife e Itamaracá. El fuerte fue construido en 1719 en el lugar donde desembarcaron los invasores holandeses en 1630.*

*Ilha de **Itamaracá e Forte Orange.** No banco de areia em destaque na foto, simpáticos restaurantes oferecem peixe fresco, camarão e lagostas na beira-mar.*
*Ilha de **Itarnaracá and Forte Orange.** In charming little fish bistros on the sandbar (center of the picture) fresh fish, shrimp and crayfish are served.*
*Ilha de **Itamaracá et Forte Orange.** De symypathiques petits bistros vous servent du poisson frais, des crevettes et des langoustes.*
*Ilha de **Itamaracá und Forte Orange.** In sympathischen Fischerkneipen werden auf der Sandbank im Zentrum des Bildes frischer Fisch, Schrimps und Langusten serviert.*
*Ilha de **Itamaracá und Forte Orange.** En las simpáticas tabernas del banco de arena que se muestra en el centro de la imagen, se sirve pescado fresco, gambas y langostas.*

Camarão e lagosta
Shrimp and crayfish.
Crevettes et langoustes.
Schrimps und Langusten
Gambas y langostas.

67

Típica embarcação de pesca do Nordeste. Propulsão a vela.
Typical fishing boat from the northeast.
Bateau de pêcheurs typique du Nord-Est.
Typisches Fischerboot aus dem Nordosten.
Barco de pesca típico del nordeste.

Repentista que ganha a vida fazendo versos com seu violão nas praias de Pernambuco.
The "Repentista" earns his living by singing extempore verses and acting out scenes on the beach.
Le "Repentista" gagne son pain en improvisant des chansons sur le sable.
Der „Repentista" verdient seinen Unterhalt, indem er am Strand aus dem Stegreif Verse singt und spielt.
El "Repentista" obtiene su sustento cantando e interpretando versos improvisados en la playa.

Peixe-boi. O Projeto da Tamar "Salve o peixe-boi", em Itamaracá, tenta salvar o animal da extinção e conscientizar a população sobre a importância da preservação.
Peixe-boi (see-cow). The Tamar project "Salve o peixe-boi" in Itarnaracá is attempting to save the endangered species from extinction.
Peixe-boi (siréniens). Le projet de Tamar "Salve o peixe-boi" à Itarnaracá essaie de sauver l'espèce en voie de disparition.
Peixe-boi (Seekuh). Das Projekt von Tamar „Salve o peixe-boi" in Itamaracá versucht die gefährdete Spezies vor dem Aussterben zu retten.
Peixe-boi (vaca marina). El proyecto de Tamar "Salve o peixe-boi" en Itarnaracá intenta salvar de la extinción esta especie amenazada.

Frevo

Frenética dança de carnaval em Perambuco.
The frenetic Carnival dance in Pernambuco.
Danse frénétique du carnaval de Pernambuco.
Frenetischer Karnevalstanz in Pernambuco.
Frenetica danza di carnevale a Pernambuco.